BIOGRAPHIE

DE M. L'ABBÉ

NICOLINO LANFRANCHI

CURÉ DE PANTANO

ANCIEN AUMÔNIER GÉNÉRAL DE LA MARINE FRANÇAISE
DANS L'HÉMISPHÈRE SUD

PAR

M. FRANÇOIS-MARIE LECCIA.

Panem otiosus non comedit.
(Parab. Salom. *Cap. 31.)*

BASTIA
IMPRIMERIE FABIANI.
—
1876.

BIOGRAPHIE

DE M. L'ABBÉ

NICOLINO LANFRANCHI

CURÉ DE PANTANO

ANCIEN AUMÔNIER GÉNÉRAL DE LA MARINE FRANÇAISE

DANS L'HÉMISPHÈRE SUD

PAR

M. FRANÇOIS-MARIE LECCIA.

Panem otiosus non comedit.
(*Parab.* SALOM. Cap. 31.)

BASTIA
IMPRIMERIE FABIANI.

1876.

Messieurs,

L'ange de la mort vient de frapper au cœur les habitants de Pantano et Tirolo dans la personne de leur vénéré pasteur, qui était pour eux un ange tutélaire. M. Lanfranchi n'est plus... Je me trompe : il vit dans un monde meilleur ; il vit aussi dans le souvenir de ses paroissiens et de nous tous par le flambeau indestructible de la Foi et des vérités éternelles dont il nous a illuminés et embrasés, aussi bien que par les œuvres de Charité impérissables dont nous sommes tous des témoins oculaires.

J'aurais voulu qu'une voix plus autorisée que la mienne vînt exprimer les sentiments d'affection et de sympathie des habitants de tous nos parages aussi bien que de nos hautes montagnes qu'il avait captivés par ses manières exquises et par ses rapports sincères, agissants, et déposer, en même temps, au pied de sa tombe le tribut de notre douleur, de nos regrets et de notre reconnaissance !.... Malgré ma jeunesse et mon insuffisance, un pieux devoir, la reconnaissance de tant de bontés et les tendres affections qu'il n'a cessé de me prodiguer dès ma plus tendre enfance, me presse de consacrer ces quelques lignes à sa mémoire chérie.

Pour m'acquitter de cette tâche impérieuse et obligatoire, j'essaierai d'analyser le plus brièvement possible quelques unes des circonstances de sa vie, riche en bonnes œuvres et en sacrifices pour la gloire de Dieu et pour le salut des âmes, qui sont les deux plus beaux fleurons de la splendide couronne du sacerdoce.

M. l'abbé LANFRANCHI Nicolas est né à Aullene, le 28 août 1798 d'une des plus honorables familles de nos montagnes.

Dès son enfance, son père eut soin de lui donner une éducation soignée. Doué d'un caractère vif et remuant, il ne resta jamais un moment en repos; et — puisque c'est de l'histoire que je fais — ses parents n'eurent pas toujours à se féliciter de son obéissance ni à se louer de la régularité de sa conduite. Mais à travers ces écarts enfantins, on distinguait en lui un talent précoce et le germe des grandes vertus qui devaient briller plus tard au sein de la société et ouvrir les portes de la vie bienheureuse à tant d'êtres infortunés, voués par la nature et par le sort à une malédiction sans fin.

Dès son âge le plus tendre, il sentit la force de la grâce qui l'attirait au sein des miséricordes du Très-Haut et, quoique agité par les passions qui assiégent l'homme presque à son berceau, quoique sa raison naissante ne fût pas encore pénétrée de cette vive lumière qui produit des jugements sains, il reconnut, par une persuasion instinctive venant du Ciel, la nature des choses d'ici-bas et le faux éclat des grandeurs humaines. Il manifesta au sein de sa famille la pensée de se faire prêtre. Personne n'ajouta foi à son langage, il y eut, au contraire, une opposition manifeste parmi ses parents; *son père, seul*, doué d'une rare intelligence, lut dans le cœur de son enfant et soutint fermement son idée.

Il ne fut pas trompé dans son attente : ses progrès dans les études furent si rapides qu'à l'âge de 13 ans il reçut les 4 ordres mineurs. Un an après, M. l'abbé Nicolino Chiaroni, desservant à Aullene, son oncle maternel et son parrain, lui fit apprendre par cœur le panégirique de *St Antiochus*, qu'il débita le jour de cette solennité avec l'aplomb et le sang-froid d'un prédicateur exercé.

Un examen brillant qu'il subit un peu plus tard sur le continent, où il compléta ses études, lui valut une bourse de la part du Gouvernement.

Étant ordonné prêtre, il exerça pendant trente ans dans le diocèse de Bordeaux les fonctions de son ministère. Son vieux père ayant cessé de vivre, dans cet espace de temps, tous ses soins, quoique de loin, se portèrent sur une vieille mère et deux sœurs qu'il ne tarda pas à marier convenablement par des sacrifices personnels.

Sans pouvoir entrer dans tous les détails de sa gestion sacerdotale, à cause de la distance des lieux, l'on sait cependant que durant ce laps de temps le feu divin qui l'embrasait n'a jamais cessé d'agir et a été fécond en de glorieux résultats. Un fait, entre mille, peut donner une idée de l'ardeur qui animait son âme envers Jésus-Christ.

Il y avait quelques années qu'il remplissait dans le diocèse de Bordeaux les fonctions de pasteur des âmes. Par sa voix vibrante et persuasive, douée de cette mâle éloquence que la religion catholique peut seule inspirer, il amène à lui plusieurs protestants. Trois d'entre eux, secrètement travaillés par une voix intérieure, se jettent à ses pieds et implorent humblement le Dieu des miséricordes.

Le bruit de cette conversion inattendue jeta l'alarme parmi leurs coreligionnaires. Aussitôt une véritable tempête se déchaîne contre lui. Satan souffle ses fureurs infernales dans le cœur des protestants de cette localité; ils s'assemblent en tumulte, délibèrent, forment des projets sinistres, et, comme une avalanche, sans cesse grossie de nouvelles forces, se précipitent chez le baron M. *de Sers*, Préfet de la Gironde, protestant lui-même. M. de Sers prend parti contre M. Lanfranchi et sollicite son changement. Son archevêque, lui-même, effrayé des cris et des menaces frénétiques de cette secte ennemie, craignant quelque funeste événement, se dispose à seconder le Préfet dans sa demande.

Mais, seul, au milieu de cette mer courroucée de passions humaines, M. Lanfranchi reste ferme comme un roc, assiste avec une impassible sérénité à toutes les attaques des ennemis et, plein de confiance dans la justice de sa cause et dans les secours du Très-Haut, il voit expirer, devant soi, les attaques et les projets sinistres de ses persécuteurs. Il continua, comme par le passé, l'œuvre de son apostolat; mais cela ne pouvait suffire au feu de l'amour divin qui le consumait; un théâtre plus vaste allait se dérouler devant lui.

En 1846, le Gouvernement de Louis-Philippe nomma deux aumôniers généraux de marine. M. l'abbé *Coquereau*, alors aumônier du prince de Joinville, aujourd'hui chanoine du 1er ordre à St-Denis, fut nommé aumônier général de l'Hémisphère-Nord; M. l'abbé Lanfranchi fut nommé aumônier général de l'Hémisphère-Sud, avec un traitement de 3,000 fr. et aubergé. Il embarqua à Cherbourg le 25 avril de la même année sur la *Bayonnaise*, commandée par M. *Jurien de la Gravière* aujourd'hui vice-amiral; M. le baron *Fort-Roen*, ministre, plénipotentiaire en Chine, faisait aussi partie de l'expédition.

A leur arrivée à Macao, M. Lanfranchi ayant appris que les habitants jetaient à l'eau tous les enfants maladifs, et qu'on pouvait les racheter à raison d'une *demi-piastre* chacun; pour faire ce commerce, il s'entendit avec le révérend père *Guillet*, directeur des missions Lazaristes en cette ville; il lui donna de l'argent et les enfants rachetés furent confiés aux soins vigilants et zélés des sœurs de St Vincent de Paul qui étaient aussi à Macao. Rapporter ici tout l'argent qu'il dépensait pour cette œuvre éminemment chrétienne et charitable dans les parages de la Chine, partout où il allait, serait trop long. Une correspondance continuelle qu'il a eue dans le

Thibet avec *Mgr Chauveau*, évêque de cette localité, correspondance qui se trouve dans son dossier, aujourd'hui dans les archives de l'Evêché d'Ajaccio, justifie au-delà de toute expression que sa charité était sans bornes lorsqu'il s'agissait de gagner des âmes ; je ne dois pas laisser ignorer que cette correspondance a existé même depuis son retour au pays. Voici quelques extraits d'une lettre écrite du Thibet le 4 avril 1875 :

Ta-taien-tou, frontière du Thibet, 4 avril 1875.

. . . .

« Je vous avouerai tout d'abord, excellent ami, que, sans
« perdre votre souvenir, j'avais entièrement perdu vos tra-
« ces.... J'ai pu suivre néanmoins la marche de quelques-uns
« des hommes que nous avons connus un temps : ainsi
« M. Jurien de la Gravière est devenu vice-amiral ; M. Duper-
« ré, contre amiral, et M. Fort-Rouen, ambassadeur en
« Grèce.

« Pour revenir à vous, je vois par votre lettre que vous
« n'êtes plus aumônier sur la flotte et que vous exercez
« le saint ministère en Corse. Je vois encore que vous conser-
« vez toujours le même zèle pour le salut des enfants païens
« que j'admirais en vous lors de nos longs colloques à la
« procure à *Honkon*.

« Les cent francs dont vous nous faites l'aumône ne sont
« pas encore arrivés au Thibet ; ils n'y parviendront qu'en
« 1876 ; mais ils me sont officiellement annoncés par nos
« directeurs de Paris et ils me seront remis l'année pro-
« chaine, sans aucun doute. Je ne crois donc pas devoir
« les attendre pour accomplir vos charitables intentions.
« Au lieu d'un baptiseur seulement, j'aurais presque l'inten-
« tion d'en envoyer deux, s'il m'est possible de trouver ceux
« qui pourraient le mieux remplir vos intentions, auxquelles
« je suis obligé de me conformer moi-même et de tirer

« le meilleur parti des ressources que vous voulez bien mettre
« à ma disposition.

« Je prends note de votre adresse et probablement vers
« la fin de cette année ou au commencement de l'année
« suivante je vous ferai un rapport des résultats obtenus
« au moyen de votre aumône. Je regrette de n'être pas
« en position de connaître votre nom de baptême pour le
« donner à tous les enfants qui seront régénérés en Dieu
« par la charité que vous leur avez faite. Mais Notre-Seigneur
« ne l'oubliera pas et les âmes que vous aurez ainsi sauvées le
« lui rappelleront, s'il y en a besoin.

« Agréez, je vous prie, M. le Curé et vieil ami, l'assurance
« de mes sentiments les plus affectueux et les plus dévoués,
« en N. S. J.-C. »

† J.-M. Chauveau,
Évêque de Sébastopol, Vic. apost. de Thibet.

Voici encore quelques extraits d'une autre lettre de la correspondance qu'il avait avec le même Prélat.

Cha-pa, 9 février 1876.

Cher ami,

« Par la lettre du 4 avril que je vous écrivis l'année
« dernière de Ta-taien-tou, je me suis engagé de vous faire
« connaître l'emploi des 100 fr. que vous avez bien voulu
« mettre à ma disposition.... Je copie ce qui est écrit sur mon
« registre :

« 12 avril 1875, envoyé un baptiseur au Kin-ko au nom
« de M. l'abbé Lanfranchi : donné 25 fr. à son retour,
« il a annoncé 110 baptêmes.

« 5 juin 1875, envoyé à Teo-rien-sen, donné 56 fr. au
» nom de M. l'abbé Lanfranchi, retour au mois d'août, il
« a annoncé 23 baptêmes, il reçoit encore 10 fr. total 91 fr.
« et 133 baptêmes. Il faut observer que le second voyage a
« mal réussi....

« Les 9 fr. dont je vous suis redevable, aujourd'hui même,
« avant de quitter Cha-pa pour rentrer à Ta-taien-tou, je vais
« les remettre à une bonne femme du marché qui ne man-
« quera pas d'en tirer bon parti, s'il plaît à Dieu.

« Multiplions nos bonnes œuvres, autant que possible,
« pour attirer les bénédictions de Dieu sur notre pauvre
« France.... Plaise à notre Divin Maître de détourner de
« si grands malheurs. Je demande pour vous, excellent ami,
« la force et la joie pour adoucir les amertumes inévitables de
« vos derniers jours.... Veuillez croire que je ne cesse d'être
« votre respectueux et reconnaissant serviteur en N.-S. »

† J.-M. CHAUVEAU,
Évêque de Sébastopol, Vic. apost. du Thibet.

Ci-après, il y a une autre correspondance qui prouve au-delà de toute expression la continuation de son inépuisable charité pour l'achat des enfants qu'on jetait à l'eau et pour lesquels il répandait de l'argent à pleines mains et de tous côtés, comme j'en ai déjà parlé plus haut. En voici la preuve.

Congrégation de la mission dite de St Lazare, rue de Sèvres, n° 95.

Paris, 15 novembre 1874.

« Monsieur l'Abbé,

« Je viens de recevoir la somme de cent francs pour être
« versée à M. Guillet, Directeur de notre mission à Macao,
« ou à son successeur et pour la fin que vous indiquez, c'est-
« à-dire pour l'achat des enfants malades. Vos intentions se-
« ront scrupuleusement respectées.

« Je vous prie donc de me croire, avec le plus profond
« respect, et en l'amour de Notre-Seigneur ;

« Monsieur l'Abbé,

« Votre très-humble serviteur. »
HEMATIN.

Encore une fois, je n'en finirais jamais si j'énumérais ici tous les sacrifices qu'il a faits pendant le temps qu'il a vécu sous le soleil tropical de la Chine et de la Malaisie, où il ne cessa pas un seul instant de travailler avec une infatigable activité à la sublime mission qu'il avait embrassée ; en un mot ses soins, ses sueurs, son argent furent pour elle. Honneur soit rendu à ces hommes héroïques qui parcourent la terre pour l'embraser de cette flamme divine apportée en don à l'humanité déchue, afin de la relever ! Qu'ils soient bénis à jamais !

La mission terminée, M. Lanfranchi retourna en France ; la traversée fut heureuse. Il arriva sans aucun incident remarquable, à Aullene, sa patrie, vers la fin de l'année 1852. Dès son arrivée au pays, il s'empressa de mettre en culture une propriété marécageuse qu'il avait en friche à *Monacia*. Le pays regorgeait d'Italiens qui auraient pu faire ce travail en peu de temps, dans un an peut-être ; mais M. Lanfranchi ne voulut y employer, à la grande satisfaction de tous, que les pauvres de la localité qui y travaillèrent pendant plusieurs années pour la défricher, la dessécher, la clôturer.

A-t-on besoin maintenant d'enregistrer ici que ce charitable prêtre joignait aux vertus chrétiennes le patriotisme le plus pur et le plus désintéressé ?

Malgré ses occupations de famille, il ne cessait jamais d'assister ses confrères dans le laborieux devoir de la carrière sacerdotale. Bien plus, il semblait que les ressources se multipliassent dans ses mains. Il dépensa de fortes sommes pour les besoins de l'église de Monacia, dont la voûte n'était pas encore faite....

Mgr Casanelli d'Istria de sainte mémoire, ayant eu connaissance du bien qu'il opérait partout où il allait, lui offrit le poste de *Pantano* et de *Tirolo*, deux petits hameaux érigés récemment en succursale. Il refusa d'abord, ne voulant pas s'assumer plus longtemps la grande responsabilité du salut des âmes; mais, ému par des considérations religieuses, par le désir surtout de travailler pour son divin maître, il accepta.

Pantano était, en ce moment, peu digne d'envie! Placé au fond d'un vallon, couvert de bruyères; entouré de quelques hameaux plus chétifs encore; de vastes solitudes stériles; sans aucun lien de communication avec d'autres peuples — si l'on en excepte des sentiers abruptes presque impraticables; — séparé du chef-lieu de la commune par la rivière impétueuse de Tascarone, dépourvue de ponts; sans poste, sans instituteur, sans aucune notion de la vie civile et chrétienne, il ressemblait à un moribond jeté vivant dans un tombeau.

Cette nature ingrate qu'aucun souffle de vie n'égayait, accablée tour à tour par les tempêtes de l'hiver et par les brûlantes chaleurs de l'été, abandonnée du Ciel et des hommes, frappait d'une tristesse profonde l'âme sensible qui la visitait.

L'arrivée tant désirée de M. l'abbé Lanfranchi fut une véritable ovation; chacun comprit que des jours meilleurs allaient luire sur Pantano et Tirolo. Sans perdre de temps, il s'achemine vers une masure qui portait le nom de vieille chapelle.

Une impression douloureuse le saisit; ses yeux se remplissent de larmes à la vue de ces murailles nues, de cet autel dépouillé d'ornements et semblable à une veuve en pleurs.

Point de meubles, point d'objets sacrés; rien, en un mot, rien qui rappelle le souvenir de la majesté et des miséricordes du Très-Haut. Sa petite église est pleine de monde. Pour la première fois, elle retentit du son de la science divine. M. l'abbé Lanfranchi, par son langage apostolique, invite ses paroissiens à vivre désormais d'une vie nouvelle et à l'aider, en faisant violence à leur misère, à mettre le temple saint dans un état convenable. Ses paroles tombent comme la rosée du matin sur un champ de fleurs.

Fascinés par le charme de sa parole, encore plus par l'ardent désir qui le portait à s'imposer volontairement de nombreux et considérables sacrifices, ses paroissiens se sentent embrasés du feu de la Charité et l'aidèrent, selon leurs faibles moyens, à l'accomplissement de ses devoirs. De manière que cette petite chapelle, qui était naguère dépouillée de tout et tombait en ruines, aujourd'hui, ce charitable prêtre l'a fait primer par son luxe et les richesses de ses ornements parmi les églises succursales de l'arrondissement.

Témoins de si nombreux sacrifices, ses paroissiens, malgré leur misère, ouvrirent une souscription dont le produit fut versé entre les mains de leur zélé pasteur; ce produit facilita à M. Lanfranchi les moyens de faire fondre, sous ses propres yeux, trois magnifiques cloches dont le son religieux, mélodieux et saisissant vivifie leurs chétifs hameaux et les contrées environnantes, où avait toujours régné jusqu'alors un morne et désolant silence.

Ce n'est pas tout : l'abbé Lanfranchi sait qu'il a à remplir une autre tâche pénible et assidue; il n'ignore pas que ses paroissiens ont besoin de la parole de Dieu, dont ils n'avaient jamais entendu le mot, de cette parole sans laquelle l'âme tombe en défaillance. Le jour, la nuit sont consacrés à cette œuvre essentielle et sublime. Ses forces semblent grandir au milieu de ses laborieuses occupations. Les habitants de Pantano, occupés pendant le jour aux travaux nécessités par les besoins de la vie humaine, toutes les soirées se rendent en foule à la maison presbytérale.

Quel touchant spectacle! Une population tout entière se range en cercle autour de lui; elle écoute avidement chacun de ses mots. La doctrine évangélique coule à travers les cœurs avec douceur et suavité; elle y forme ces germes secrets de vie, principes indestructibles que toutes les puissances infernales ne peuvent abattre et qui rayonnent dans l'éternité par la vertu du Christ sanctificateur.

De longues années passées dans un travail si assidu et si fatiguant ont produit à Pantano de merveilleux effets. De petits enfants à peine âgés de huit à dix ans, quoique illettrés, savent par cœur tout l'enseignement religieux contenu dans le *Catéchisme du Diocèse,* la solution des cas d'une partie de la morale appropriée à la vie nouvelle des habitants de cette localité. L'examen attentif des effets produits dans l'enseignement religieux par ce zélé pasteur a frappé d'admiration et les parents des enfants et tout homme qui a voulu s'assurer par lui-même de la vérité des faits. Chacun a pu se dire : *Est-il possible qu'un mortel ait déployé tant de zèle, tant de patience, tant d'assiduité pour caser dans la tête de ces petits enfants tout l'abrégé des vérités éternelles d'une manière si pure, si correcte, si édifiante ?*

Mais qui peut mieux faire ressortir cette étonnante vérité que l'article fait par Mgr De Peretti lui-même, lors de son passage à Pantano, le 6 septembre 1875, pour donner la Confirmation aux habitants, article qu'il fit paraître sur le *Messager Corse* peu de jours après, sous le titre :

Fleur cachée ?

Après avoir démontré jusqu'à l'évidence qu'un seul fait d'armes glorieux.... un jet de flamme intellectuelle.... la chaire.... le barreau.... la tribune.... la science.... les arts mêmes suffisent pour immortaliser l'homme et offrent un vaste champ à l'ambition humaine pour moissonner la gloire, Sa Grandeur continue ainsi :

« Mais il est d'autres régions où le courage, le génie, le
« talent, la persévérance et le labeur s'exercent et produisent,
« non sans récompense, mais sans gloire apparente et véri-
« table.... Que de noms ignorés des hommes sont inscrits en
« lettres d'or au livre de Dieu !

« Que de grandes et nobles existences sous des dehors

« humbles et petits ! Que de choses étonnantes qui mérite-
« raient le nom de grand-œuvre et qui semblent n'être que le
« faible travail d'un modeste ouvrier !

« C'est une de ces grandeurs inconnues que nous voulons
« tirer aujourd'hui de son obscurité. . . . .
« Parmi les pauvres villages cachés dans nos montagnes, il
« en est un plus pauvre encore que d'autres peut-être, et
« surtout plus arriéré, au moins suivant la signification
« convenue de ce mot, car c'est de son étonnante civilisation
« que nous avons à parler. Là point d'instituteur.... Person-
« ne ne sait lire !... absolument personne, si ce n'est le
« curé.... — Alors ce sont de vrais sauvages !.... — Nulle-
« ment.... — Mais ils ne savent rien, ce sont des crétins !...,
« — Vous vous trompez fort.... Ils sont aimables dans leurs
« manières et très instruits ... sans doute pas en physique et
« en métaphysique, mais en morale et en religion, *est unum*
« *necessarium*, qui n'exclut rien et qui tient lieu de tout !...

« Oui, ces ignorants répondent parfaitement aux questions
« difficiles du *Catéchisme* ; ils chantent des cantiques en
« français, en italien, en latin ; ils savent les psaumes ; ils
« chantent la Messe, le *Kyrie*, le *Gloria*, le *Credo !*....
« C'est merveilleux, surtout si l'on considère que c'est l'œu-
« vre d'un seul homme plus que septuagénaire et paralytique.
« Il faut du courage et de l'héroïsme pour se dévouer de la
« sorte à la population d'un village si chétif !....

« C'est un véritable apostolat et nous ne croyons pas qu'il
« perde de sa valeur pour ne pas s'effectuer en *Chine* ou en
« *Amérique*. Il n'y manque pas même le martyre !....

« N'est-ce pas un martyre perpétuel que la vie d'un lettré
« au milieu d'illettrés? N'est-ce pas verser son sang par les
« quatre veines que de toujours donner sans recevoir ? que de
« se suffire à soi-même lorsqu'on s'est épuisé pour tous ?

« Voilà ce qu'a fait et souffert à la gloire de Dieu et disons
« aussi à l'honneur de la Corse, M. le curé Lanfranchi dans
« le village de Pantano.... »

Que peut-on répondre à un témoignage si authentique, si prépondérant ? On voit, à ne pas en douter, que cette espèce de désert, muet d'abord, indifférent et pour ainsi dire mort au grand spectacle de la nature, s'est trouvé, par les soins extraordinaires de M. l'abbé Lanfranchi, animé d'une nouvelle vie. La foi divine brille dans ces âmes autrefois insensibles aux vivifiantes lueurs de la Charité. Les bois, les vallons, retentissent de cantiques sacrés entonnés par les jeunes bergers de tout sexe conduisant des troupeaux sur les roches nombreuses de quelques monticules.

Quoique le soin du troupeau confié à ses soins absorbât pour ainsi dire tous ses instants, quoique atteint, depuis son séjour en Chine, d'une paralysie qui l'a prématurément conduit au tombeau, il n'a cessé, jusqu'à l'entier épuisement de ses forces, d'aller partout où le salut des âmes l'exigeait : à *Bisé*, *Foce di Mela*, à *Carbini* même, éloigné de plus de cinq kilomètres, à travers des sentiers excessivement pénibles.

Combien de fois dans cette dernière localité surtout, n'a-t-il pas apporté le pardon du Ciel aux mourants, des consolations à l'âme abattue, des remèdes aux misères spirituelles et corporelles de ses frères ! Combien de fois sa voix toujours forte, toujours onctueuse malgré la faiblesse d'un corps presque éteint, n'a-t-elle pas résonné majestueusement dans le Temple saint et secoué profondément le pécheur endurci ?....

Ce récit superficiel et faiblement exprimé de la vie de M. l'abbé Lanfranchi — récit notoire et puisé à des sources incontestables, comme on l'a déjà vu — parle en sa faveur avec plus de force que tous les trésors de l'éloquence humaine.

Et maintenant qu'on compare de pareils hommes évangéliques à ces soi-disant apôtres de la liberté religieuse, de cette prétendue religion réformée qui, par ses divisions et la fausseté de ses principes, mine sourdement toutes les bases de l'édifice social, donne accès aux plus formidables passions humaines, remue les profondeurs infernales pour renverser le Christ et son Église !....

Quelle différence !

Les uns, travaillant dans le silence et l'abnégation pour secourir des frères infortunés ; parcourant les régions glacées des extrémités de la Terre ou les brûlantes contrées équatoriales ; voyant souvent sans pâlir se dresser contre eux l'épouvantable barrière de la nature et des passions humaines, prêtes à vomir la mort de leur sein !

Les autres, travaillant avec ostentation à se couvrir des dehors de la Charité, par quelques aumônes publiques calculées, destinées à servir leurs abominables projets et à cacher, sous ces trompeuses apparences, le cancer qui les dévore ; allaitant les passions humaines au point de briser le frein qui les retient pour les plonger dans les souillures des voluptés charnelles !

Les uns, prêchant hautement à la face des grands de la Terre qu'il n'y a qu'un Dieu, qu'une religion, qu'une voie au salut ; enseignant toujours la même doctrine, appliquant sans cesse les mêmes principes et montrant un tout merveilleusement enchaîné dans ses parties, inattaquable en tous points ;

Les autres, fourmillant de contradictions comme un cadavre fourmille de vers, poser pour conséquence logique de leurs principes que Dieu et Satan sont un ; que le mensonge et la vérité sont un, qu'ils conduisent également au salut éternel !

Qu'il faudrait être aveugle pour méconnaître la divinité d'une religion aussi ancienne que le monde, parlant au cœur par sa suavité, éclairant l'esprit par sa vive lumière ; établissant le règne de la paix au milieu des passions ardentes ; portant, par un sentiment intérieur, des intelligences profondes, des génies à s'effacer dans l'obscurité ; des âmes sensuelles à épouser toutes les douleurs des caractères indomptables à se courber sous le joug le plus humiliant ; s'avançant majestueusement à travers les siècles contre toutes les forces assemblées de l'humaine raison et de la nature dépravée !

Et l'on oserait lui opposer une religion, muette de grands dévouements, datant à peine de quelques jours; jetant dès sa naissance la consternation au sein des États frappés d'un ténébreux vertige; planant tumultueusement sur les consciences déchirées par une liberté meurtrière; ne trouvant enfin sa force que dans l'abandon des principes austères qui, seuls, peuvent élever l'âme aux sources intarissables de la vie!

. . . .

Aussi depuis que le Tout-Puissant, irrité des nombreuses infractions à sa loi éternelle, a permis aux sectes immondes de pulluler dans la grande société humaine, que de misères spirituelles ne l'assiégent-t-elles pas!... Que de rudes atteintes à la morale, aux vertus civiques!

C'est en vain qu'on emploie la force de l'épée pour abattre l'hydre de la rébellion; un seul instant d'oubli suffit pour faire chanceler sur leurs bases les nations les plus puissantes.

N'avons-nous pas eu récemment sous les yeux le plus triste spectacle? Qu'en serait-il arrivé si ce souffle infernal qui mugissait à Paris n'eût pas été étouffé dans son foyer même?

C'en était fait de la France!.... elle n'existait peut-être déjà plus!....

Cherchons-en l'origine.

Ah! il n'y a pas besoin d'un long examen pour voir que c'est aux libertés meurtrières qu'on doit imputer tous les malheurs; car, une fois l'essor donné aux passions, elles courent d'abîme en abîme cherchant un bonheur qui les fuit et formant un immense volcan dont l'explosion menace d'anéantir l'ordre social.

Qu'il y a loin des prédicateurs des libertés meurtrières à ces prédicateurs évangéliques qui, comme M. l'abbé Lanfranchi, vivent et meurent au sein des vertus les plus pures, de la charité la plus héroïque, de l'abnégation la plus sincère . .

. . . .

M. l'abbé Lanfranchi a senti enfin se dresser devant lui l'heure suprême — cette heure si redoutable pour le commun des hommes — sans pâlir, sans même se plaindre. Il y était préparé.... Il n'a pas à regretter d'avoir laissé inachevé aucun bien possible ; tout son temps, toutes les ressources de son saint ministère et celles de son héritage ont été employées, pour la gloire de Dieu, en faveur de son Église, de malheureux et surtout pour le salut des âmes des enfants chinois ; il ne s'est réservé qu'un modeste tombeau, qu'il a fait construire lui-même tout près de l'église de Pantano.

C'est là que son corps repose jusqu'au jour où il lui sera donné d'être uni à son âme pour la glorieuse éternité : *Opera enim illorum sequuntur illos.*

Son espoir le plus doux, ses affections les plus chères restent encore au milieu de ce peuple qu'il a tant fécondé de ses sueurs pour le tirer des bords de l'abîme, de la mort où il était assis. Son dernier regard, son dernier soupir, après Dieu, se sont arrêtés sur cette terre où il a prodigué tant de consolations, où il a guéri tant de blessures, où il a fait descendre du Ciel le baume du pardon et un torrent de miséricordes et de grâces ; et au moment où il s'endormit de la mort du juste, son âme prit l'essor et s'envola vers l'Océan éternel de grâces et de bonheur pour recevoir la récompense promise et due à la fidélité de la mission de rachat qu'il a remplie pendant son pèlerinage sur la terre avec autant de zèle que de dignité. *Beati mortui qui in Domino moriuntur.*

www.ingramcontent.com/pod-product-compliance
Lightning Source LLC
Chambersburg PA
CBHW060554050426
42451CB00011B/1895